Ludwig Steinherr

An diesem Fluss
leben wir

Gedichte
Deutsch-Arabisch

لودفيغ شتاينهِرّ

على ضفاف هذا النهر
نعيش

Aus der Reihe **Lyrik-Salon Spezial**
سلسلة صالون الشِعر الألماني العربي
Ins Arabische übersetzt und herausgegeben
von
Fouad EL-Auwad

Titel
Deutsch:
An diesem Fluss leben wir
Arabisch:
على ضفاف هذا النهر نعيش

Autor: **Ludwig Steinherr**
لودفيغ شتاينهِرّ

Ins Arabische übersetzt & herausgegeben von
Fouad EL-Auwad
فؤاد آل عواد
Aus der Reihe **Lyrik-Salon Spezial**
سلسلة صالون الشِعر الألماني العربي

1. Auflage 2023, zweisprachig (Deutsch-Arabisch)
Edition Lyrik-Salon Spezial 2023
© Copyright bei Fouad EL-Auwad
www.lyrik-salon.de

© Copyright für die Originaltexte liegt beim
Allitera-Verlag

Titelbild, Umschlagsdesign, Satz & Layout:
Fouad EL-Auwad

Herstellung und Verlag:
BoD - Books on Demand, Norderstedt
ISBN: 9783757861612

Ludwig Steinherr

An diesem Fluss
leben wir

Gedichte
Deutsch-Arabisch

لودفيغ شتاينهِرّ

على ضفاف هذا النهر

نعيش

Reihe Lyrik-Salon Spezial 2023

MeerBlick

Ganz früh am Morgen
ist das Meer am schönsten –
Wenn es sich unbeobachtet glaubt
und denkt ich liege noch in Träumen –
wenn es gerade erst
aus dem Bad kommt
und sich die Haare auskämmt
mit schiefgelegtem Kopf
Welle um Welle
wenn es summt mit den Möwen
wenn es dann lange lange
vor dem Spiegel steht
und schaut –
Wenn es ganz plötzlich
meinen Blick bemerkt
erschrickt
und lächelt

إطلالةٌ على البحر

في الصباحِ الباكر
يكونُ البحرُ في أجمل صورة –

عندما يعتقدُ
أنَ لا أحد يراقبُهُ
أو أنني مازلتُ
سارحاً في أحلامي –

عندما يخرج لتوِّهِ من الحمّام
يصفِّفُ شَعرَهُ
وهو يميل برأسه
موجةً تلوَ موجة

عندما يتمتمُ مع صفير النوارس
مطولاً يقفُ أمامَ المرآة
وينظر –
ما أن ينتبه فجأةً
إلى نظراتي
يرتعبُ
ثم يبتسمُ

Aleppo

Klein wie eine Wüstenblume
das Stück Aleppo-Seife
das du neben das Waschbecken
gelegt hast – seltsamer Geruch
bitter, rauchig –
Aleppo
vor fünfzehn Jahren
wollte ich nach Aleppo fahren
so vieles konnte man noch sehen
was die Raketen zerstört haben
den großen Basar
das Minarett der Moschee
Aleppo
Freunde hatten mich eingeladen
mitzukommen
in eine Stadt die es so
nicht mehr gibt
Aleppo
ich habe es versäumt, verpasst
der Wagen stand schon bereit
vor dem Hotel in Damaskus
eine Magenverstimmung
ein anderer Termin
ich dachte Aleppo bleibt mir
Aleppo wartet ewig auf mich –

حَلَب

صغيرةٌ مثل زهرة الصحراء
قطعة الصابون الحلبيّ
الموجودة على طرف المغسلة
رائحةٌ غريبة
لاذعة، برائحة الدخان –
حلب
قبل خمسة عشر سنة
وقبل أن تدمّرها الصواريخ
أردتُ السّفرَ إليها
وددتُ زيارةَ أماكنٍ كثيرة
السّوق الكبير
ومئذنةُ الجامع
أصدقاءٌ دعوني لزيارتها
زيارةُ مدينة
لم تَعُد الآن مثلَ ما كانتْ عليه
لقد فاتني الموعدُ
يا حلب
كانتْ الحافلة واقفةً
أمام الفندق في دمشق
تتجهّزُ لنقلي إليكِ
لكنَ معدتي اضطربتْ وقتها
فتأجّلَ الموعدُ
كنتُ أظنّ أن حلبَ ستبقى
كما سابق عَهدها
تنتظرني إلى الأبد

9

Ich halte die kleine Seife
in meiner Hand
wie eine Wüstenblume
ich rieche den Duft
bitter, rauchig
für den ich keine Worte habe
keinen Namen
außer Versäumnis

Ich rieche an dieser Seife
wie an einer Stadt
Aleppo

في يدي
أحمل قطعة الصّابون الحلبي
كأنها زهرةُ الصحراء
أشمُ عطرها
مُرَّةً برائحة الدخان
رائحةٌ لا وصفَ لها
لا اسم لها
غيرَ... فواتِ الأوان

أشمُ في هذا الصابون
مثلما أشمّ عطرَ مدينة ما
حَلب

Kopf im Nacken

Zur Rasur
Zum Zahnziehen
Bei Nasenbluten

Für einen Kuss
rückwärts nach oben

Zum Betrachten von Fresken
und Sternen

oder einer Spinne
die an der Decke kriecht
eben jetzt –

man kann sich streiten
ob Grund zum Ekel

oder Wunder der Schöpfung

رأسٌ على العنق

من أجل الحلاقة
لقلع الأسنانِ
ونزيفِ الأنفِ

لخاطرِ قُبلةٍ
تتراجع صعوداً نحوَ الأعلى

للنظر بدقّةٍ
في اللوحاتِ الجداريّةِ
وإلى النجوم

أو إلى عنكبوتٍ
يزحفُ على السقف
حالاً –

يمكن للمرء أن يُجادلَ
فيما إذا كانَ هناكَ
سببٌ للاشمئزاز

أم أنّها من عجائبِ الخليقة !

Skala

Wie stark ist ihr Schmerz
auf einer Skala von eins bis zehn?
fragt die Ärztin –

Und ich weiß nicht
was ich antworten soll –

Was ist zehn?
Die Qual des angeschmiedeten Prometheus
dem stündlich erneut
ein Adler die Leber frisst?

Die Martern der Heiligen Barbara
der man die Haut in Fetzen vom Körper riss
und die Brüste abschnitt?

Die ewigen Foltern der Verdammten
die in Dantes Hölle sieden
wie lebende Hummer im Kochtopf?

Eins!
antworte ich –

obwohl ich nicht weiß
wie lange ich diese Eins

noch ertrage

مقياس

الطبيبةُ تسأل
كم هي شدةُ الألم على سُلّم المقياس
من الدّرجةِ الأولى إلى العاشرة ؟

لا أدري
بماذا عليّ أن أجيبها —

وماذا تعني بالرّقمِ عشرة؟
هل هو عذاب بروميثيوس المُزَوّر
الذي يفترسُ ساعةً تلوَ أخرى
كَبِدَ نسر؟

أم تعني عذابَ القدّيسة بربرا
حينَ سُلخَ جلدُها عن جسدها
وقُطِع نهديها؟

أم هو عذاب الملعونينَ الأبديُّ
في مخطوطة دانتي "الجحيم"،
الذين كانوا يُغلَون مثلَ سرطانِ البحر
في وعاءِ الطَّهي؟

كانَ جوابي
الدرجةَ الأولى!

رَغمَ أنني لا أعرفُ
كم باستطاعتي تَحمّلَ هذهِ
الدرجةَ الأولى!

Poesie

Du kannst in Worten reisen –
Du steigst in sie ein wie ein Blinder in einen Zug –
Deine Stirn an der vibrierenden Scheibe
fährst du durch Hügel frühe Wiesen
schlafende graue Küstenstädte
die du nicht siehst –

Eine Stimme sagt:
Da ist das Meer!

شِعر

باستطاعتكَ أن تسافرَ في الكلمات
تقلّها كما يَقلُّ الكفيفُ القطارَ
فتكون جبينُكَ ملتصقةً
على الزّجاج المُرتَجّ

تسافر عبرَ هضاب ومروج
عَبرَ مدن ساحليّةٍ رمادية
غير أنكَ لا تراها

وصوتٌ ما يقول:
ها هو البحر!

Warum schreiben Sie Gedichte?

An Tagen an denen ich kein Gedicht schreibe
fehlt mir nichts –

Kein Ziehen – kein Brennen –

Es ist nur als ob ein Arzt mich untersuchte
und fragte: Spüren Sie das?

Und ich spüre nichts

Ich weiß nicht einmal was ich spüren soll –
einen dritten Arm – ein drittes Bein
einen Flügel –

Spüren Sie das? fragt der Arzt leise
Spüren Sie das?

Und seine Hartnäckigkeit
beunruhigt mich –

Nichts beschreibt den Moment

wenn ich plötzlich spüre –

jeden leisesten Nadelstich
des Schnees

لماذا تَكْتُب القصائد؟

في اليوم الذي لا أكتبُ فيهِ قصيدةً
لا ينقصني شيء

لا أشعر بألم ما
ولكنّ الحالَ تكون
كما لو أن طبيباً يفحصني
ويسأل: هل تشعر بهذا؟

وأنا، لا أشعرُ بشيءٍ

لا أعرف بما عليّ أن أُحسّ به
هل هي ذراعٌ ثالثةٌ ، أم ساق ثالثة
أم عليّ أن أشعر بجناحين؟

أتشعرُ بهذا؟
أتشعرُ؟
يسألني الطبيب

تكراره للسؤال
يقلقني

لا أحد يستطيع أن يَصِفَ هذه اللحظة

عندما أشعر فجأةً

بكل وخزة إبرة
من إبَر الجليد

19

Die ungeschriebenen Gedichte

Sie sind da
auch wenn du sie nicht aufschreiben kannst
auch wenn du nicht einmal ahnst
dass sie existieren –
Sie treiben vor Neuseeland im Meer
mit ihren gewaltigen Leibern
sie tanzen in den Wogen
und blasen Fontänen
aus Licht

القصائد غير المكتوبة

موجودة
حتى ولو لم تستطع أنتَ تدوينها
حتى ولو لم يكن لديكَ بصيصُ فكرة
أنها موجودة
تسبح في البحر قبالة نيوزيلاندا
تتراقص على الموج
بكل ثقلها
وتنفخ نوافيرَ
من ضوء

Mantra

Heute hat das Licht sein Mantra vergessen –
Niemand verliebt sich –
Niemand erblickt in einem Ölfleck das Antlitz der Madonna –
Jedes Wort knirscht wie Reißzwecken in einem Glas –
Ginevra de´ Benci starrt immer nur auf die Zahl Pi –
Gebetsmühlen geraten ins Holpern –
Delphine kämpfen gegen Selbstmordgedanken –
Und all das könnte sich ändern in einer Sekunde –
mit der ersten Silbe
für ein Gedicht

تعويذة

اليوم نسى الضوءُ تعويذتَهُ
فلا أحد يسرحُ في العشقِ هنا
وليس من أحدٍ
يرى وجهَ العذراء في بقعة الزّيتِ

كالدبابيسِ تتجمّعُ الكلماتُ في الكأسِ
وجينيفرا دي بينشي
تُحدّقُ دوماً فقط بالثابت الرياضي "بي"

طواحينُ الصّلاةِ تتعثّر
دلافين تقاوم أفكارَ الانتحار
لكن هذا كلّه
يمكن أن يتغيّرَ بثانيةٍ واحدة
بأوّل مقطع
من قصيـدةٍ

Nahkampf

Mit dem richtigen Griff
entwurzelst du einen Sumoringer –

Mit dem richtigen Griff
wirfst du ein anstürmendes Nashorn um –

Mit dem richtigen Griff
zwingst du das Meer auf den Boden
und drehst ihm den Arm auf den Rücken
dass es um Gnade fleht –

Nur bei einer Schneeflocke
bist du machtlos

مُصارعة

قبضةٌ قويّةٌ
يهوي منها مصارع السومو –

بالقبضة الصحيحة
تُردي وحيدَ القرنِ أرضاً –

بالقبضة الصحيحة
تُجبرُ البحرَ أن يتهاوى إلى الأرض
وتلوي ذراعَه خلفَ ظهره
حتى يطلب الرحمةَ –

لكنك تضعف أمامَ
نَدفةِ ثلج!

Die Nachbarin sagt

Das Römische Imperium
ist untergegangen –
Die Barbaren haben uns überrannt –
Obwohl man zugeben muss:
der tätowierte Typ
mit dem Hunnenzopf
der jetzt die Post bringt
ist freundlicher
als der alte

ما تقولهُ الجَارةُ

الإمبراطوريّةُ الرّمانيّةُ
اندثرتْ
والبرابرةُ اجتاحونا

بالرّغم من ذلك
علينا أن نعترفَ
بأن الرّجلَ الموشوم
مجدولَ الشّعْر
الذي يوصّل البريدَ الآن
أكثر ودّاً
مِمَن كان قبلَهُ.

Anweisung in einer Galerie

Schweigen Sie!
Dieses Blau hat Ihr Blau nicht nötig!
Sie waren nicht Zeuge
bei der Geburt dieses Universums!
Schweigen Sie!
Blättern Sie nicht im Führer!
Rascheln Sie nicht mit Ihren Erinnerungen!
All Ihr Atem reicht nicht aus
diesen Horizont zu füllen!
Vergessen Sie Fluchtpunkte und Tiefenpsychologie!
Werfen Sie keinen Blick
in die Seele dieses Gemäldes – die nicht existiert!
Sein Königreich ist nicht von dieser Welt!
Schweigen Sie!
Wagen Sie nicht Heidegger oder Derrida zu zitieren!
Ein Säure-Attentat beweist mehr Pietät!
Wenn Farben sprechen halten Erwachsene den Mund!
Werden Sie erst ein Neugeborenes!
Ein Hund! Ein Goldfisch! Eine Museumsfliege!
Warten Sie!
Bis das Bild das Wort an Sie richtet –
und wenn es die Ewigkeit dauert!

Schauen Sie!

تعليمات في معرض فني

اسكتْ !
هذا الأزرق لا يحتاج زرقتَكَ !
لم تكن شاهداً
على ولادةِ هذا العالم !
اصمتْ !
لا تتصفّح دليلَ المعرض !
ولا تَجول بذكرياتكَ !
كُلّ هذا الزفير والشهيق لا يكفي
لملئ هذا الأفق !

انسَ نُقاطَ التّلاشي وعلم نفس الأعماق !
لا ترمي النّظرَ
في روح هذه اللوحة ـ التي لا وجودَ لها
مملكتها ليستْ من هذا العالم !
اسكتْ !
لا تجرؤ أن تُردّدَ ماقالهُ هايدغر أو دريدا !
اعتداءُ أيّ حمضٍ
عندهُ من التقوى ما يَزيدُ عنكَ !
عندما تتحدّثُ الألوان، تُخرِس الكبارَ !
كن أولاً مولودًا جديداً !
كلباً! ذبابةً في متحف! سمكة ذهبية!
انتظرْ
إلى أن توجّه اللوحةُ الكلامَ لكَ
حتى ولو استمرّ انتظارُك دهوراً !

انظرْ هنا !

29

Die großen Meister

Von allen Lehrmeistern wähle nur die besten!

Den Penner mit dem zerschlagenen Gesicht
der dir in Edinburgh in einer eisigen Nacht
für eine Münze mit einem Shakespeare-Zitat dankt –

Die Hündin Pira die wenn du zu ihr sprichst
den Kopf abwechselnd links und rechts hebt
als bräuchte jedes deiner Worte
ein neues Ohr –

Das kleine Mädchen im China-Restaurant
dem seine Murmel unter den monumentalen
Buddha gerollt ist
und das mit beiden Händen
gegen den goldenen Bauch drückt
um seine gewaltige Weisheit
wegzuschieben

المعلمون الكبار

لا تنتقي
من بين كلّ المعلمين
إلّا الأفضل

السّكيرُ الملطّخُ وجهه بالجروح، في أيدينبورغ،
والذي يُردّدُ لكَ مقولةً لشيكسبير
شاكراً لك اعطاءَهُ بعضاً من النقود الخردة

الكلبة بيرا التي تدير رأسَها، كلّما تحدّثتَ إليها،
مرةً يمْنَةً وأخرى يسْرَةً
وكأن كل كلمةٍ من كلماتكَ
تحتاج إلى إذنٍ على حِدة

الفتاة الصّغيرةُ في المطعم الصينيّ
التي سقطتْ كُراتها الزجاجيّة
تحتَ تمثالِ بوذا
والتي تضغط بيديها
على بطنهِ الذهبي
لتزيح حكمتَهُ الهائلة

Silberblick

Die Azteken, heißt es, hängten ihren Kindern
Perlen auf die Stirn
um sie zum Schielen zu zwingen –

Schielen war das Schönheitsideal
Schielen war groß und edel und göttlich

denn auch der große Sonnengott schielte –

und wer weiß ob Gott nicht wirklich schielt
ob dies nicht seine Güte und Vollkommenheit beweist:

ein Blick der über dein Gesicht tanzt
aber dich nicht fassen will –

jeder von uns nicht Kain oder Abel

sondern ein Zwillingspaar
das er nie richtig unterscheiden kann –

die sich aufs Haar gleichen

wenn er dir (wem auch immer) zärtlich

über die Köpfe streicht

حَوَل الحُسن

يُقال إن "الأزتيك" علّقوا على جبين أطفالهم لآلئاً
لإجبارهم على الحَوَل –

الحَوَلُ كان مقياساً للجمال المثالي
الحَوَل كان مهماً، نبيلاً وإلهياً

حتى أن إلهَ الشّمس العظيم كان أحولاً –

ومن يدري فيما إذا كان هو الرّب في الحقيقة أحوَل
وإذا لم يكن هذا من صفات كَماله ويدلُّ على طيبته أيضاً:

نظرةٌ تتراقص أمام وجهك
لكنها لا تريد أن توقعَكَ في مرماها –

فلا أحد منا قابيل ولا هابيل

لكنا توأمٌ
نتشابَهُ بدقةٍ متناهية –

عندما تُمسّدنا (أيَّ كان منا)
على الرأس

Das Glatteis-Jahr

1

Nicht spiegelndes Eis – nur Parkett –
doch ich rutschte
und stürzte auf meine Gitarre –

Der Hals – grotesk zerborsten –
hing schief in den Saiten –

Wie ein schlackerndes Etwas aus Knochen
und Sehnen
für immer zerstört – unheilbar –

Wie mein Arm
den ich im Frühjahr zerschmettert hatte –

Alles zerbrach – alles zersplitterte in diesem Jahr
in dem ich immer auf Glatteis lief –

selbst an einem schulfreien Morgen
im blühenden Mai

السّنةُ الجليديّة

1

لم يكنْ جليداً
بل كانتْ أرضيةً خشبية
رغم ذلكَ انزلقتُ
وسقطتُ على قيثارتي

من بعدها بدا عُنقها غريبَ الشكلِ —
وهو عالقٌ بشكل مائلٍ بين الأوتار

تحطّمتْ كما تتحطّم العظامُ
وتعطب أوتارُ العضلات
مدى الحياة دونَ أملٍ في الشفاء

وكما ذراعي
التي تكسّرتْ عظامُها في مطلع هذا العام

كل شيء تكسّر —
كل شيء تحطم في هذه السنة،
التي كنت أمشي بها بشكل مستمر
وكأنني أمشي على الجليد —

حتى في إحدى صباحات شهر أيار المُزهر
في العطلة المدرسية

2

Ja, man kann eine zerborstene Gitarre retten
wie einen böse zersplitterten Arm
in zwei langen Operationen –

Doch ich gab das Gitarrenspiel auf – für immer –

Wenn ich jetzt die spanischen Romanzen
und Serenaden höre

die ihre Abendfenster öffnen
in dunkel flammendes Grün und unsichtbare Hügel

fühle ich einen leisen Schmerz
etwas wie Reue –

Meine zerschmetterte Gitarre
die im Sperrmüll verschwand –

Wer weiß –
wenn ich sie gerettet hätte –

Wäre ihre Stimme tiefer geworden?
Weiser um den Klang des zersplitternden Holzes?
Reifer um den Aufschrei von Saiten
durch die ein geborstener Gitarrenhals stößt
wie Knochen durch Haut –?

2

أجل، من الممكن إنقاذ القيثارةِ المحطّمة
كما لو أننا نُنقذ ذراع تحطّمتْ بشكل مريع
في عمليّتين جراحييتين طويلتين

ولكني تخلّيتُ عن عزف القيثارة إلى الأبد —

حين أسمع اليومَ الموسيقى الرومانسيةَ الإسبانية
وموسيقى السيرينادة

التي تفتحُ النافذةَ
إلى مساءٍ يتوهّجُ باخضرارٍ قاتم
على تلالٍ غير مرئيّة

أشعر بألمٍ طفيفٍ
بشيءٍ من الندم

قيثارتي التي تحطّمتْ
وانتهتْ في النفايات

من يدري
لو كنتُ أنقذتُها

هل كان صوتُها أعمق مما كان؟
أكثر حكمةٍ من صوت فرقعات انشقاق الخشب؟
أكثر نضوج من صرخات الأوتار
الخارجةِ منْ عنق القيثارة المُمزّق
مثل ما العظامُ تخرج من الجلد؟

37

Hätte man in ihrer Stimme
ein unhörbares Zittern gespürt
wie von Herbstlaub im Dunkeln –?

Aber vielleicht sind das schiefe Gedanken
schief wie ein Arm
der wieder zusammengewachsen ist –

im falschen Winkel

هل كنتُ شعرتُ برعشةٍ في صوتها
رعشةٌ غير مسموعة
مثلما رعشات أوراقِ الخريف في العتمة؟

ربما هذه مجرد أفكارٍ ملتوية
ملتوية مثل ذراع تحطّم
ومن ثم التصقتْ عظامُه من جديد

بطريقةٍ غير صحيحة.

Morgenübung für Mystiker

Gleich beim Erwachen
sprich das Wort Hund
so oft in die leuchtende Luft
bis du nicht mehr weißt
wie man es schreibt
geschweige
was es bedeutet –

Der Wind springt dich an
und leckt dir das Gesicht
wie seinem auferstandenen Herrn

تمارين رياضة صباحية للمتنسكين

بعد الاستيقاظ من النوم
انطقْ كلمةَ "كلب"
مراراً وتكراراً في الهواء المضيء
إلى درجة أنكَ لم تعُد تعرفُ
كيف تكتبها
ناهيك عن معناها —

الرياحُ تتكلّم معكَ
وتلعقُ وجهكَ
كما تلعق وجهة سيّدها
الذي للتوّ استفاقَ.

Vom Beten auf Reisen

Das Gebet ist immer da
wo wir nicht sind –

Die große Sommerstille
unsrer verlassenen Wohnung
wenn Licht und Staub ihre einsamen Messen zelebrieren –

Die leuchtende Butter
die wir auf dem Tisch vergaßen –

verklärt bis zur Transsubstantiation

Im düsteren Flur mein Regenmantel am Haken
harrt der Erlösung –

wie Michelangelos abgezogene Haut

in der Kuppel des Jüngsten Gerichts

عن صلاة السفر

دائماً تكون الصلاةُ موجودةً
حيث نحن غير موجودين —

سَكِيْنة صيفيّةٌ كبيرة
في بيتنا الذي تركناهُ خلفنا
حيث الضوء والغبار يُقيمان القدّاسَ —

الزّبدةُ المتوهّجة
التي نسيناها على الطاولة —

تتجلّى إلى الاستحالة

في الرُّدهة المعتمةِ
مُعلّقاً معطفي المطري
ينتظرُ الخلاصَ —

كما جلد مايكل أنجلو المسلوخ

في جداريّة يومِ القيامة.

Eheliche Chaos-Theorie

Was ist eine Wohnung
ohne Schubladen voller archäologischer Fundstücke?

Was sind Spiegel
ohne blinde Wolken
Abflußrohre in denen
keine Wassergeister gurgeln
Parkettritzen ohne heimlich bewahrte
Christbaumnadeln?

Wer möchte leben ohne Besengrabkammern
deren Mumien
dich bei jedem Zerreißen der Spinnensiegel
erschrocken anstarren?

Und ist ein Ehebett ein Ehebett
(und sei's gewaltig
wie das Olivenbaum-Bett des Odysseus)
wenn darin nicht noch nach Jahrzehnten
ein Körnchen Hochzeitsreis schläft?

نظرية الفوضى الزوجية

ما معنى شقة السكن
دون الأدراج المليئةِ
بالقطع الأثريّة المُستَكشَفة؟

ما معنى مرآة
دون سَحابةٍ عَمياء
دون أنابيبِ الصّرف
التي لا تترغرغ فيها
أشباحُ المياه
دون أن تنتثر إبرَ صنوبر شجرةِ عيد الميلاد
في الشقوق الأرضيّة الخشبية؟

من يريد أن يُمضي حياتَه دون
حُجْرة المكانس التي
كلما مزّقتْ شبكة العنكبوت،
حدّقتْ مومياؤها بكَ بعينين خائفتين؟

ــ حتى ولو كان هذا هائلاً، كما كانت
شجرة الزيتون سرير أوديسوس ــ
هل سيبقى سريرُ الزوجيّة حقاً هو سرير الزوجية
لو لم تزل حبة الأرز، المنثورة في يوم العرس،
نائمة فيه من عشرات السنين؟

Legendenzeit

Du trugst immer Schwarz –

Du warst erst siebzehn
aber du hattest dem Tod ins Auge geblickt
vor der spanischen Küste auf offenem Meer –

Wie ein Mädchen aus einem Lorca-Drama schautest du aus –

Die Luft um dich war elektrisch – Toledo
vor dem großen Gewitter –

Alle Gegenstände schienen zu schmelzen
wie unter El Grecos Blick

Um dein Schwarz flammten die Farben auf
das bebende Blattgrün das zitternde Orange –

Der einzige Schmuck den du trugst
gleißend auf Nacken und Hals
war deine Verzweiflung –

Deine Haut – so überempfindlich –
die leiseste Berührung hinterließ rötliche Male
wie Himmelszeichen –

Du schautest mir in die Augen
wie der Tod von den Türmen Cordobas –

Nie wieder war ich so lebendig

زمن الأسطورة

ما زلتِ ترتدينَ اللون الأسود —

كنتِ قد بلغتِ للتو السابعة عشر من عمرِكِ
لكنكِ شاهدتِ الموتَ بعينيكِ
في البحر الواسع، قبالة السّاحل الإسباني —

بدثْ ملامحكِ كما فتاة من إحدى دراما لوركا

كان الهواءُ من حولكِ مكهرباً — توليدو
قبل العاصفة الكبيرة —

كل الأشياء بدثْ كأنها تذوب
كما هي تذوب أمام نظرات إل غريكو

توهّجثْ الألوانُ حول سواد ردائكِ
أضاءتْ الورقة الخضراء التي ترتعش
والبرتقال الذي يرتجف —

الحِلية الوحيدةُ التي تتدلّى حول عنقكِ
وتتلألأ على جيدكِ،
هو يأسُكِ فقط —
بشرتكِ شديدة الحساسيّة —
أخفّ لمسة تترك بقعةً حمراء عليها
كما العلامات السماويّة —

تنظرين في عينيَّ
كما الموت في أبراج قرطبة —

لم تتكرر حيويّتي العالية هذه فيما بعد.

47

Rom hat heute einen schlechten Tag

Als wäre es eingenickt
und plötzlich hochgefahren
mit verwirrtem Gesicht –

Der Tiber ein müdes Rinnsal

So muss er ausgesehen haben
als die geifernde Meute schrie: Tiberium in Tiberim!

Ein Fluss für geschändete Leichen –

Gelblich-trüb wie das Weiße im Auge der Geschichte –

An diesem Fluss leben wir
und wir ertragen ihn nur

weil es die großen Gewölbe der Träume gibt

die schillernden dunkelnden Fresken

zu denen wir emporsehn wie zum Sternenhimmel
den Kopf im Nacken –

die große Kuppel des Pantheons
die immer offene Fontanelle

durch die das Licht herabstürzt

der Regen in Schleiern

روما تعيش يوماً سيئاً

كما لو أنّهُ غفى
ومن ثم انتعشَ فجأةً
ووجههُ يكتظّ بالحيرة –

هزيلٌ هو نهر التيبر ومتعب

هكذا يكون قد بدا، عندما سالَ به لعاب المتمردين
بينما هم يصرخون خلف القيصر: "زجوا تيبيريوس في نهر التيبر"

نهرٌ من أجل الجُثث المُدنّسة
شاحب الاصفرار كما بياض عين التاريخ

على ضفاف هذا النهر نعيش
ونتحمّلهُ فقط

لأن هناك أكبر قبّة للأحلام
وجداريّة أكثر بهرجة وسوداويّة
ننظر إليها عالياً
كما ننظر إلى السماء المرصّعة بالنجوم
الرأس على العنق –
قبّةٌ كبيرةٌ لمدافن العظماء
واليافوخ مفتوح دائماً

يتهاوى في الحجبِ من خلاله
الضوءُ والمطر.

Nochmals zum Quader

Ich bekenne:
ich habe mein ganzes Leben nur
mit einem romanischen Quader verbracht –

Andere widmen sich
dem amerikanischen Bürgerkrieg
oder denken über Herzklappen nach –

Ich gehe seit Jahrzehnten
nur immer um diesen Quader herum
ich betrachte ihn in jedem Licht
ich schaue auf ihn im Wachen
und im Traum –

Aber in all der Zeit
bin ich ihm um keinen Schritt nähergekommen
mein Wissen über ihn schwindet
mit jeder Sekunde –

Den amerikanischen Bürgerkrieg
hat man irgendwann in den Grundzügen begriffen
über Herzklappen kann man irgendwann
Vorlesungen halten –

Aber ein romanischer Quader?

مرّة أخرى عن المُستطيل

أعترفُ
أنني قضيتُ كل حياتي
بانشغالي بالمستطيلِ الرّومانسي

بينما كان غيري يكرّسُ حياتَه
بانشغاله بالحرب الأهليّة الأمريكية
أو بالتفكير بصمّام القلبِ

منذُ عقودٍ أحومُ فقط حول هذا المستطيل
أنظرُ إليه بتمعّنٍ من كل زاوية ضوء
في الحلم كنتُ
أم مستيقظاً؟

لكن في كلّ هذا الوقت
لم أقتربْ منه ولو خطوةً واحدةً
ما أعرفه عنه يتلاشى
و يتضاءل مع كل ثانية تمضي –

ومع مرور الوقت يستوعبُ المرء
كل ما يدور حول أساسياتِ الحرب الأهليّة الأمريكيّة
وفيما يتعلّق بصمّامات القلبِ

يمكن للمرءِ أن يُلقي فيها محاضرات

ولكن ماذا عن المستطيل الرومانسي؟

Hätte ich nie angefangen
über ihn nachzudenken
wüsste ich mehr über ihn –

Ich weiß nicht einmal:
Ist er ein zum Sprung ansetzender Löwe?
Eine begonnene Schachpartie?
Ein fleischfressender Traum?
Eine Zauberkiste, in der man verschwindet?
Ein Kraftwerk des Lichts?
Der ständig wandernde Norpol der Stille?

Ich habe so lange auf ihn gestarrt
dass er unsichtbar geworden ist –

Er könnte ebenso Gott sein
wie das Nichts –

Mein Alptraum
und die große Liebe meines Lebens –

Unzählige Gedichte strömen aus ihm
der alle Gedanken zugleich verschluckt
wie ein schwarzes Loch –

لو لم أبدأ بالتفكير به
لكان لديّ معرفةً أكثر حولَه

حتى أنني لا أعلم:
هل هو أسدٌ مستعدٌ للقفزِ؟
أم هو بداية لعبة شطرنج؟
أم حلم يأكل اللّحوم؟
أم هو صندوقٌ سحريٌّ، يختفي فيه المرءُ؟
أم أنّهُ مصنع لتوليد الضوء؟
أو لعلّهُ آخر نقطة في القطب الشمالي، تتجوّل بكل هدوء؟

لقد حدّقتُ فيه طويلاً
حتى أصبح غير مرئيٍّ

ربما يكون الله أيضاً هكذا
كـ اللا شيء

هذا هو كابوسي
وحبيَّ الكبيرُ في كل حياتي

قصائدٌ وافرةٌ تتدفّق منهُ
هذا الذي يبتلعُ كلّ الأفكار
مثل الثقبِ الأسود

Jeder sagt mir:
Man muss ein Verrückter sein
um sein ganzes Leben
einem romanischen Quader zu widmen
von dem man nicht einmal weiß
ob er existiert –

Und ja, wenn ich überhaupt
etwas weiß
ist es dies:

Ich bin ein Verrückter –

Und das Schlimmste daran:

Ich will es so

الكلّ يقول لي:
على المرء أن يكونَ مجنوناً
كي يكرّس كل حياتَه مشغولاً
بـ مستطيلٍ رومانسي
ولا يعرف المرءُ
فيما إذا كان هذا موجوداً

أجل،
و إذا كنتُ أعلم شيئاً أصلاً
يكون هذا:

– أنني مجنونٌ

والكارثةُ الأكبر في ذلك:

أنني أريدُ أن أكونَ فعلاً هذا المجنون!

Wimpern

Gott – ich höre deine Stimme nicht

wenn du sprichst dann sprichst du zu meinem Herzen

wie das kleine Mädchen

zu seinem Kieselstein flüstert

nachts unter der Bettdecke

bis die Wimpern des Steins zucken

und er selbst zu flüstern beginnt

mit der Stimme des Mädchens

أهداب

أيها الرّبُ،
لا أسمعُ صوتكَ،

حين تتكلّمُ، تتحدّث إلى قلبي

كما تهمسُ تلك الفتاةُ الصغيرةُ

لحصاتِها

ليلاً تحت الغطاء

إلى أن ترتجفَ أهدابُ الحصى

وتبدأ بالهمس

مرافقةً صوتَ الفتاة.

Die Heilige Barbara, porträtiert von Jan van Eyck

Der Turm ihrer Gefangenschaft
gigantisch wie ein gotisches Chrysler-Building –

Ihr Gewand ein tosender Ozean von Falten –

Die Märtyrerpalme hält sie wie eine riesige Schreibfeder
um etwas aufzuschreiben
für das ihr Vater und alle Weisen dieser Welt zu dumm sind –

Wie trotzig ihr blasses Schulmädchengesicht!
Ihr Mündchen ein energischer Strich –

Gieß dein Höllenfeuer über mich aus, Satan!
Reiß mir die Haut mit glühenden Zangen vom Leib!
Brat meine Augen und Brüste auf dem Rost!

Ich mache für dich keinen Tintenklecks
in mein lilienweißes Seelenheft!

القديسة بربارة، "وصف لـ جان فان أيْك"

برجُ احتجازها
مُتعالٍ مثل مبنى كرايسلر – القوطي

ثوبُها تطفو عليه التجاعيدُ مثل محيط يَهدر

تُمسك بنخلةِ الفادي كما تمسكُ بريشةٍ هائلة
كي تكتب شيئاً
يقف أمامَه أبوها وكلّ حكماء هذا العالم كالأغبياء

كم هو متآلف وجهها المدرسيّ الشاحب
وفمُها الصّغير شريط حيوية

أيها الشيطان
اسكبْ نارَكَ الجهنميّة عليّ،
مزق جلدي عن جسدي بكمّاشة ملتهبة
واحرقْ عينيّ وصدري على شبك الشواء!

لن أجعلَ لك من ذاتي حبراً سائلاً
في دفتر روحي الزنبقي الأبيض!

Nachtgeschichte

Als zu Beginn der Somme-Schlacht
die großen Minen explodierten
bebte ganz Europa –

Vom Knall klirrte noch in London das Porzellan –

Das erzähle ich meiner Teetasse
während ich sie ausspüle
und zärtlich trockenreibe –

Ich halte sie gegens Licht wie ein rohes Ei –

Durch den Tassenboden schimmert
ein angebrütetes Gesicht – eine Geisha –

Was ist das in ihrem Buddha-Lächeln –
ein Äderchen? Ein haarfeiner Sprung in der Schale?

Der übrigens fortläuft
über den Rand der Tasse

die Wand hoch und
quer über die Zimmerdecke

hinaus in die Dunkelheit
wer weiß wohin –

حكاية قبل النوم

عندما انفجرَ أكبر لغم
في بداية معركة السّوم
اهتزّتْ أوروبا بأكملها –

من شدة الانفجار
تداعى البورسلانُ في لندن

هذا ما أحكيهِ لفنجاني
بينما أغسلهُ
وبكل نعومةٍ، أفركه مجقّفا الماءَ عنه

أمسك به في الضوء كبيضةٍ نيّئة –

في قعر الفنجانِ يلمع ناضجاً
وجهُ فتاة الجيشا –

ما هذا الذي يظهر في ابتسامتها – ابتسامة بوذا –

وريدٌ رقيقٌ؟ أم أنّه تصدّع دقيق في القشرة،

شقٌّ يمتدُّ على طول حافّة جدار الفنجان

الجدارُ عال
ويمتدّ متّسعا إلى أعلى السّقفِ

خارجاً إلى الحلكة
وليس من يعرف إلى أين؟

61

Licht

Von meinen siebenundneunzig früheren Leben
weiß ich nur noch zwei:

Ich war Kiesel in einem Flußbett
dicht am Polarkreis
Die Kälte die ich nicht spürte
war überwältigend
eine mystische Offenbarung –

Dann hatte ich eine Eisenwarenhandlung
in einem Vorort von Birmingham –
Sonntags spielte ich in einer Blaskapelle –
Ich sehe mich an einem Samstagnachmittag
auf dem Ehebett sitzen
Meine rote Uniformmütze zeigt ihr nacktes Futter
Während ich Noten studiere
beiße ich in eine Essiggurke
und meine Frau bückt sich um ihren linken Ohrring zu
suchen –

Licht fließt über die Wände
so eisig hell wie das Licht in einem Flussbett
das ich nie sehen konnte –

Dem Kiesel der ich nicht mehr bin
rinnen Tränen übers Gesicht

ضوء

لا أعرفُ عن حياتي السبع والتسعين
إلاّ إثنتين:

كنت حصىً في قاع نهر
قريب جداً من القطب الشمالي
والبرد الذي لم أشعرْ به
كان وحياً عظيماً –

كنت أملك حانةً لبيع الخردة
على أطراف بيرمنغهام
وفي أيام الآحاد، أعزف في جوقة لآلات النفخ
وكنتَ تراني في يوم السبت بعد الظّهيرة
جالساً على سرير الزّوجية
وقبّعة بدلتي الحمراء تُظهر بطانتها الملساء

وحين كنت أقرأ النوتة
وأنا أقضم خيارة مخلّلة
تنحني زوجتي، لتبحثَ عن قرطها الأيسر

ضوءٌ يسيل على الجدران
باهرٌ مثل الضوء في قعر النّهر،
الضوء الذي لم أره قطعاً –

والحصى الذي كنت – ولم أعد أكون –
يسيل على وجنتيه الدمعُ

Mögliche Methoden, mir das Leben zu nehmen

Caravaggios Medusa einen Nachmittag lang
in die Augen starren
und dabei versteinern –

Eine Prise Schnupftabak von Caterina de´ Medici annehmen
die mir beim Niesen das Genick bricht

Einen Rundbrief an Mafia, CIA und die Mänaden:
Ich weiß alles!

Einen Pfirsichkern so lange im Mund halten
bis daraus ein Baum wächst
der mit seinen Ästen meine Schädelkuppel sprengt

Zwischen zwei Spiegel treten
und in ihrer blicklosen Ewigkeit
allmählich verschwinden

So viel Espresso trinken
dass mir beim Anblick deiner linken Kniekehle
das Herz stillsteht

الطرق الممكنة لخيار الانتحار

أن أحدّقَ
في عيني كارفاجيو ميدوزا
إلى أن أتحجر
في التّحديق

أن أتنشّقَ قليلاً من تنباك الشّم
من نوع كاتارينا دي ميديتشي
الّذي يكسرُ جذعي حين أعطس

أن أرسلَ رسالةً إلى المافيا،
وإلى وكالة الإستخبارات المركزية الأمريكية
وإلى مرافقات ديونيزوس:
أنني أعرفُ كلّ شيء

أن أمضغَ بذرة درّاق
إلى أن تنبتَ منها شجرة
مخترقةً بأغصانها غطاءَ جمجمتي

أن أدخلَ بين المرايا
وأختفي رويداً رويداً
في أبديّتها العمياء

أن أشربَ كثيراً من قهوة الإسبرّيسو
إلى أن يتوقفَ قلبي عن النّبض
فيما أنظرُ إلى ركبتكِ اليسرى

Erbschaft

Diese Mücke
die du mit der Fingerspitze
aus dem Weinglas retten wolltest
hat dir alles Licht, das sie besaß, hinterlassen –

Du denkst
was kann so eine kleine Mücke
schon besitzen
wie viel Licht kann sie schon ansparen
in ihrem kurzen einfachen Leben?

Du wirst staunen!

ميراث

هذه البعوضة
التي أردتَ أن تُنقِذها بإصبعكَ
من كأس النبيذ
تركتْ لكَ
كلّ الأضواء التي كانت تملكها.

وأنت تُفَكِّرُ ما الذي يمكن أن تملكهُ
هذه البعّوضةُ الصغيرة

كم تستطيع هي أن توفّر من الضوءِ
في حياتها القصيرة؟

وهنا ستكون الدّهشة.

Inhaltsverzeichnis

Veröffentlichungen des deutsch-arabischen Lyrik-Salons

Anthologien:

Bis jetzt haben über 300 Dichterinnen und Dichter aus unterschiedlichen Kulturen an den Veranstaltungen und den Anthologien des deutsch-arabischen Lyrik-Salons teilgenommen. Es sind bis jetzt 15 zweisprachigen Anthologien (Deutsch-Arabisch) erschienen. Ins Deutsche bzw. ins Ara-bische wurden sie von Fouad EL-Auwad übersetzt und herausgegeben.

1. **stein der oase**, Allitera Verlag, München 2005
2. **garten der illusion**, Edition Orient, Berlin 2006
3. **dOrt** Shaker Media, Aachen 2011
4. **einfach so**, Edition Orient, Berlin 2012
5. **die kerze brennt noch**, Reihe Lyrik-Salon Spezial, BoD, 2013/14
6. **zartheit des feuers**, Reihe Lyrik-Salon Spezial, BoD, 2015
7. **Zwanzig Wege**, Reihe Lyrik-Salon Spezial, BoD, 2016
8. **Wort für Wort**, Reihe Lyrik-Salon Spezial, BoD, 2017
9. **Hörst du das Licht, wenn es liebt** Reihe Lyrik-Salon Spezial, BoD, 2018
10. **ein punkt am ende des abends**, Reihe Lyrik-Salon Spezial, BoD, 2019
11. **grün zu rot**, Reihe Lyrik-Salon Spezial, BoD, 2020/21
12. **Ein Gesicht, auf dem Minze wuchs**, Reihe Lyrik-Salon Spezial, BoD, 2022
13. **Im Glas Reste von vorgestern,** Reihe Lyrik-Salon Spezial, BoD, 2023
14. **Im Schatten der Tomaten regnet es nicht,** Reihe Lyrik-Salon Spezial, BoD, 2023

Die 15. Anthologien ist noch in Vorbearbeitung, wird aber 2023 erscheinen.

Reihe Lyrik-Salon Spezial

Aus dem Deutschen ins Arabische übersetzt und herausgegeben von Fouad EL-Auwad:
1. Patrick Beck   2022
2. Anton G. Leitner   2023
3. Ludwig Steinherr   2023
4. Fouad EL-Auwad   2023

Aus dem Arabischen ins Deutsche übersetzt und herausgegeben von Fouad EL-Auwad:
1. Dareen Zakria   2023

Weitere Informationen unter:
www.lyrik-salon.de

Ludwig Steinherr

An diesem Fluss
leben wir

Gedichte
Deutsch-Arabisch

لودفيغ شتاينهِرّ

على ضفاف هذا النهر
نعيش

Aus der Reihe **Lyrik-Salon Spezial**
سلسلة صالون الشِعر الألماني العربي
Ins Arabische übersetzt und herausgegeben
von
Fouad EL-Auwad